Laura Lüdtke

Oma ich liebe dich

Laura Lüdtke

OMA ICH LIEBE DICH

... auch wenn es regnet

Krefeld 2009

Covergestaltung, Layout & Lektorat:
Dr. Beate Forsbach, Bamberg

Herstellung und Verlag:
Books on Demand GmbH, Norderstedt

Printed in Germany

ISBN: 9 783837 079395

www.bod.de

Bibliografische Information der Deutschen Nationalbibliothek

Die Deutsche Nationalbibliothek verzeichnet diese Publikation in der Deutschen Nationalbibliografie; detaillierte bibliografische Daten sind im Internet über http://dnb.d-nb.de abrufbar.

Für Klaus, in Liebe,
der uns allen unvergessen bleibt.

Ich widme dieses Buch
meinen Kindern und Enkelkindern,
die ich mehr liebe als die Welt,
und die mir helfen,
die schwere Zeit zu überstehen.

Heute

mein Tag

schenkt kunterbuntes Potpourri

der guten Laune und

Leben

Niklas

ist mein dritter Enkel,

der fast täglich in meiner Obhut ist.

Im Laufe der Jahre habe ich

viele Aussprüche gesammelt,

die er zum Besten gab.

Oma ich liebe dich

„Oma ich liebe dich,

aber nur so lange,

wie du mich auch liebst!"

Niklas sagte:

„Oma, schreibst du für die Bücherei?"

„Nein, mein Kleiner, nur für dich!"

sagte ich lachend.

Kleine Oma

Als Niklas 3 ½ Jahre alt war,

fragte ich ihn:

„Wenn du einmal groß bist,

gehst du dann mit mir tanzen?"

„Ja Oma, wenn du auch groß bist!"

war seine lapidare Antwort!

Ich bin seine Oma,

aber leider viel zu klein geraten.

„Oma, du hast die Schrumpferitis!"

„Was ist das denn?" fragte ich.

Niklas meinte:

„Du wirst immer kleiner, Oma!"

Kletterpartie

Niklas spielte mit meiner Teddybärensammlung.

Er spielte Vater und Mutter.

Ich fragte: „Niklas wo ist denn das Kind?"

Er antwortete mit großen Augen:

„Das Kind ist im Bauch von Mama,

ich war auch im Bauch von Mama!"

„Toll, wie bist Du denn da raus gekommen?"

fragte ich.

Jetzt riss er die Augen noch weiter auf und sagte:

„Ich bin hochgeklettert, und dann hat Mama

das Maul aufgemacht und mich ausgespuckt!"

„Ach!" sagte ich,

„Deine Mama ist wohl ein Maulbrüter!

Da kann man ja froh sein,

dass sie dich nicht gefressen hat,

denn das kann bei Maulbrütern leicht passieren!"

Fliegenrettung

Leider nimmt Niklas

das Leben etwas schwer,

obwohl er uns oft zum

Lachen bringt.

Gestern sagte Niklas:

„Man sollte alle Fliegenklatschen

von der Welt entfernen!"

Ich sagte: „Und warum?"

Er antwortete:

„Oma, denk mal bitte an die Fliegen!"

Windpocken

Nach überstandenen Windpocken
stellte Niklas fest:
„Ich habe noch zwei Windpocken!"
Er zeigte auf seine Brustwarzen.

Trara die Post ist da!

Niklas rief:

„Oma du hast Post!"

„Lies bitte vor!" sagte ich.

Prompt las er:

„Hallo, viele Grüße, deine Blumen!"

Renovierung

Zwei Zimmer waren mühsam renoviert
und nun ging es im Flur weiter.
Alle sagten: „Sehr schön!"
Nun kam Niklas wieder zu Besuch und
stellte sich in den Flur, wo die Tapeten
gerade abgerissen waren und
alles grausam aussah und sagte:
„Ist das aber schön hier, wunderschön!"
Ich sagte: „Was verstehst du denn davon,
du bist doch noch ein kleines Kind!"
Prompt antwortete er:
„Ich bin ein erwachsenes Kind!"

Schokolade

„Nein Niklas,

ich kann dir keine Schokolade mehr geben,

deine Zähne gehen kaputt!" sagte ich.

Nun wurde er energisch und meinte:

„Das macht nichts, der Zahnarzt macht mir neue."

Ich antwortete: „Ja, aber erst, wenn du alt bist."

„Oma ich bin alt!" sagte der kleine noch nicht

vier Jahre alte Junge. Eine halbe Stunde später

weinte er bitterlich und sagte:

„Ich will aber jetzt zum Zahnarzt, ich will neue

Zähne!"

Wem Gesang gegeben

„Niklas, bitte singe doch noch einmal

Schni, Schna, Schnappi!" sagte ich.

Niklas kann gut singen.

„Nein, Oma!

Das singe ich nur im Auto!"

Ich fragte:

„Vielleicht auch in der Badewanne?"

„Nur manchmal!"

sagte er.

Im Kindergarten

wurden kleine Hühnerküken

künstlich ausgebrütet.

Die Kinder durften beobachten,

wie die kleinen Geschöpfe

sich den Weg ins Hühnerleben frei pickten!

Ich schlug ein Ei in die Pfanne,

Niklas schrie lauthals:

„Wir essen keine Küken!"

Das ist hier die Frage?

Niklas musste nun endlich lernen,

wo rechts und wo links ist.

Ich habe ihm eine kleine Uhr umgebunden

Und gesagt: „Hier ist links!"

Nun verkreuzte er die Arme über der Brust

und sagte:

„Und was ist jetzt?"

Mit dem Augenlid zwinkern

Niklas erkundigte sich nach Namen

aller Körperteile, als er beim

Augenlid ankam fragte er:

„Wie geht das Lied?"

„Oma, wie heißt der Zeh

neben dem kleinen Zeh?"

Meine Antwort:

„Ich habe keine Ahnung!"

daraufhin sagte er:

„Es ist der Ringzeh!"

Heile, heile Gänschen

Niklas hatte sich am Knie verletzt,

ach großes Geschrei! Da musste ich pusten!

Ich sang ihm ein kleines Trostlied:

„Heile, heile Gänschen, ist bald wieder gut.

Heile, heile Mausespeck, in hundert Jahren

ist alles weg!"

Niklas fragte:

„Oma, wo sind wir in hundert Jahren?"

„Ach, Liebchen, wenn ich das nur wüsste?"

antwortete ich.

Aber er hatte einen Geistesblitz und sagte:

„Ich weiß es, Oma,

wir sind im Inneren der Erde!"

Ich sagte: „Ja das ist okay!"

Aber nun hatte Niklas doch Bedenken und sagte:

„Nur leider kann uns der Opa nicht finden,

er kann im Dunkeln nicht gucken!"

Wortschöpfung

Niklas war mit seiner Mutter

in der Stadt und ich fragte:

„Na, was hast du denn gesehen?"

Niklas antwortete:

„Ich habe Hausstaben gesehen,

die haben geleuchtet!"

„Was ist das denn?" fragte ich

fassungslos. Er sagte:

„Im Buch sind Buchstaben

und am Haus sind Hausstaben!"

Er erfindet oft neue Wörter,

z.B. sagte er:

„Ich habe den Hof gebest!"

Aluaritis

Am nächsten Tag sagte er:

„Oma, dein Computer ist krank,

er hat die Aluaritis!" Ich antwortete:

„Wovon kommt das denn?"

Er sagte: „Der Computer ist zu lange an,

du musst ihn jetzt ausmachen, sonst kriegst

Du noch die Aluaritis!" Dann fügte er hinzu:

„Oma ich liebe dich! Oma, dein rechter Fuß

ist noch ganz jung!" „Wie nur mein rechter Fuß?"

antwortete ich. Dann meinte er:

„Ja, ich weiß, wie du wieder ganz jung wirst,

du musst dich nicht immer so aufregen

und du solltest etwas mehr entspannen,

dann wirst du wieder ganz jung!"

Die gleiche Krankheit

Einen Tag später:

„Oma, du hast schon die Aluaritis

„Was ist das denn?" fragte ich.

Niklas meinte:

„Die gleiche Krankheit wie Schrumpferitis,

du wirst immer kleiner, Oma!"

Das würde mich hart treffen, ich bin nur 1,52 m.

Das kann ein böses Ende haben

Niklas

konnte, wie so oft nachts, nicht schlafen

und wollte zu Mama ins Bett.

„Ach Niklas muss das denn sein?"

fragte meine Tochter genervt.

„Ja Mama, alleine schlafen ist so langweilig!"

war die prompte Antwort.

Nun liegt er morgens in Mamas Bett

und krault ihr die Haare und sagt,

„Du hast ja schöne Haare, nur schade,

dass sie alle ausfallen!"

Mama war auf der Stelle hellwach.

Niklas hatte ein Haar

auf dem Kopfkissen gefunden!

Deutsche Sprache, schwere Sprache!

Jetzt sollte Niklas richtig sprechen

also übten wir ein bisschen,

Gegenwart und Vergangenheit.

Ich lese – ich las usw.

Dann sollte er selbst die

Vergangenheitsform finden.

Ich sagte: „Ich esse

und wie heißt es jetzt?"

Ich erwartete: „Ich aß!"

Doch er antwortete:

„Ich esse und gestern

habe ich alles aufgefressen!"

Gut beobachtet

Wir wohnen in einer Spielstraße.

Als Niklas vier Jahre war,

durfte er vor der Haustüre Seilspringen.

Er berichtete: „Eine Frau hat mit mir gesprochen!"

Darauf fragte ich: „Wie sah die Frau denn aus?"

Niklas: „Sie hatte gelbe Haare!"

Ich wollte noch wissen:

„War die Frau jung oder alt?"

Niklas: „Sie war gesund!"

„Woher weißt du das?"

Niklas: „Sie hatte keine Ritzen im Gesicht!"

Am nächsten Tag sagte ich zu Niklas:

„Was mache ich nur

mit meinen Ritzen im Gesicht?

Wie sehe ich denn aus?"

Darauf antwortet er treu:

„Ach Oma, du bist hübsch krank!"

Guter Einfall

Drei Tage später fiel ihm ein:

„Oma, das wär' lustig,

wenn wir die Köpfe tauschen,

dann wär ich alt und du gesund!"

„Ja, für mich wäre das gut!"

sagte ich.

Auf die Aussprache kommt es an

Niklas fragte:

„Oma, was sind Prostneuheiten?

(spricht es aber wie Post Neuheiten aus)

Ich sagte:

„Kenne ich nicht!"

Er zeigte es mir,

da steht auf dem Prospekt:

Prost Neuheiten!

Wir sind froh, dass wir uns gefunden haben

„Oma, ich bin froh,

dass ich dich gefunden habe!

Wir sind froh,

dass wir fröhliche Menschen sind

und diese Familie haben!"

sagte Niklas

„Wir haben uns gesucht und gefunden!"

sagte ich.

Altersvorsorge

Mama sagte:

„Niklas, kümmerst du dich um mich,

wenn ich einmal alt bin?"

Ja, wenn du es bitte möchtest,

kümmere ich mich sofort um dich!"

Niklas antwortet strahlend.

Zeitreise

Niklas sagte:

„Oma, nenne bitte ein Jahr aus deiner Kindheit

„1948“, sagte ich.

Nun antwortete Niklas:

„Ich mache jetzt eine Zeitreise mit dir,

ich bleibe wie ich bin,

und du bist wieder ein Kind.

Dann fotografiere ich dich,

und dann kommen wir wieder,

und du hast ein schönes Foto von dir!“

„Ja“, sagte ich, „das gefällt mir!“

Fragestunde

Niklas sagte:

„Wozu soll ich Schreibschrift lernen,

ich kann alles lesen

und auch schreiben.

Ich schreibe eben alles in Druckschrift!"

Jetzt kamen die üblichen Fragen und Fragen:

„Oma, wie werden Schnecken geboren?

Welche Tiere sind denn Kaltblütler

und welche Warmblütler?

Wie groß ist das Gehirn?

Wie kommen die Bilder in das Gehirn?

Haben Fische auch ein Gehirn?"

Angst um Fortpflanzung

Niklas kommt ganz entrüstet

aus dem Kindergarten und sagt:

„Oma, die Lara will mich nicht heiraten!“

„Hast du sie denn gefragt?“ antwortete ich.

„Ja, ich habe ihr gesagt, dass ich verliebt bin

und gefragt: Willst du mich heiraten?“

Aber sie hat gesagt:

„Da muss ich kotzen!“

Das sind Sorgen

Niklas sagte:

„Ich habe Angst, dass ich später

gar keine Frau finde."

Ich antwortete:

„Das macht doch nichts,

dann bleibst du einfach alleine!"

Sorgenvoll kam die Antwort:

„Ja, aber wer bohrt mir denn

meine drei Kinder?"

Wenn ich einmal groß bin

Niklas sagte:

„Oma, wenn ich groß bin,

will ich in der Kirche heiraten!"

Ich antwortete:

„Das ist schön, ich komme aber mit."

Nun sprudelt es aus ihm raus:

„Ja wenn du Glück hast und nicht tot bist!"

Ich antwortete:

„Nein ich komme in jedem Fall mit,

vielleicht von oben!"

Da meinte Niklas:

„Ja, das ist schön, du musst

nur hinter mir gehen!"

Wertvoll

Niklas

mag nicht frühstücken.

Also pries ich ihm einen Joghurt an:

„Niklas nimm doch den Joghurt, der so wertvoll ist,

wie ein kleines Steak. Außerdem hat er doch so

wertvolle Inhaltsstoffe!"

Darauf antwortete er:

„Ja, im Joghurt ist auch so wertvoller

KRISTALL – Zucker!"

Die Rechnung stimmt

Niklas isst so schlecht, ich sagte
„Heute isst du aber 10 Spaghetti!"
„Ja, Oma, es ist ganz einfach,
du brichst fünf Spaghetti in der Mitte durch,
dann haben wir zehn!"

Krupphusten

Niklas

hatte den Krupphusten noch

nicht überwunden und war zur Kur

mit seiner Mutter auf Amrum.

Nach einer langen Busfahrt

waren sie nun endlich auf dem Schiff,

alle waren voll des Lobes.

Da holte er ganz tief Luft und sagte:

„Die Luft, die riecht nach Erdbeeren!"

In der Kur

Niklas

isst nichts, kein Mittagessen.

Am ersten Mittag in der Kur ging es noch gut,

denn morgens gab es Nutella Brot und das mag er.

Also hatte er mittags noch keinen Hunger.

Es war vom Frühstück noch eine Banane da,

damit konnte er die Zeit überbrücken.

Doch am zweiten Mittag war das Geschrei groß,

er schrie: „Ich esse kein Gemüse!"

Dabei gab es Spaghetti mit Tomatensauce!

Nachdem meine Tochter den Kleinen gezwungen

hat, einen Bissen runterzuschlucken, hatte sie die

Bescherung, sie durfte anschließend putzen.

Kostenersparnis

Damit das Telefonieren

von Amrum nach Hause

nicht so teuer wurde,

rief ich immer zurück.

Gestern telefonierten wir,

aber dem Niklas passte das wohl

nicht, er sagte:

„Oma, ich rufe gleich zurück!"

Frechdachs

Auf Amrum wurde Niklas krank,

er hatte Bauchschmerzen

und 40 Fieber. Mama war sehr besorgt.

Der Arzt musste kommen.

Als Niklas den Arzt sah, sagte er:

„Ich habe gesagt: Fass mich nicht an!“

Abends spät kam der Arzt noch einmal

nachsehen, ob es dem Kind besser geht und sagte:

„Ich will noch schnell nach meinem Frechdachs

sehen!“

Jetzt ging es dem Kleinen schon etwas besser.

Schöne Geschenke

„Niklas,

was schenkst du denn dem Opa

zu Weihnachten?" fragte ich gespannt:

„Der Opa bekommt eine

lange Nudel von hier bis Amrum!"

„Und was bekommt dein Papa?"

Niklas: „Der hat genug bekommen,

ich habe ihm als Baby schon soviel geschenkt!"

Fundgrube

Niklas rief:

„Oma, ich habe ein silbernes O gefunden!"

„Ja, was ist das, denn?" sagte ich.

Er brachte mir sein silbernes O,

es war mein Ring, den ich verloren hatte!

Kapitän ahoi auf der Rheinfähre

Wir sind ein bisschen

über den Rhein geschippert.

Und nun wusste Niklas nicht mehr,

ob er noch Lokführer werden will,

oder doch lieber Kapitän!

Opa Theo

Morgens auf dem Weg zum Kindergarten,

kamen wir an einem Tollkirschenstrauch vorbei,

und die Kirschen lockten Niklas sehr an.

Ich machte ihn auf die Gefahr aufmerksam und

sagte:

„Wenn du diese Kirschen isst, dann musst du

sterben!"

Am nächsten Morgen brachte seine Mutter

ihn zum Kindergarten und Niklas sagte:

„Ach hätte doch Opa Theo keine Tollkirschen

gegessen!"

„Wie?" fragte meine Tochter,

„wieso, hat der Opa Theo Tollkirschen gegessen?"

Niklas meinte:

„Ja, er ist doch tot!"

Geburtstagstraum

Im Juli wurde Niklas vier Jahre und wartete

schon sehnsüchtig auf seinen Geburtstag.

Er sagte: „Ich hab geträumt, als ich groß war,

hatte ich nur Geschenke und ein Radio,

um für euch Musik zu machen!"

Wo die Liebe hinfällt

Niklas

fragte seine Mutter:

„Was ist verknallt sein?“

Seine Mutter antwortete:

„Wenn man jemand ganz doll lieb hat,

dann ist man verknallt!“

Niklas rief begeistert:

„Mama, ich bin in dich verknallt!“

Darauf sagte ich: „Und wer liebt mich?“

Er sagte:

„Ach Oma, du bist in den Opa verknallt!“

Vorsicht

„Niklas,

sei bitte vorsichtig, die Straße ist gefährlich!"

Antwort: „Nein Oma, nicht die Straße,

sondern die Autos!"

Der Eine kann's

Im Kindergarten sagte eine Frau zu Niklas

„Du kannst aber sehr schön sprechen!"

Darauf sagte Niklas:

„Das habe ich schon als Baby gelernt!"

Kleine Schnecke

Niklas

erfindet oft neue Wörter.

„Ich habe ein Tier gesehen,

das ist ruhig und leise weg geschneckt!“

„Oma ich habe dich den ganzen Tag lieb,

auch wenn es regnet!“

Werbung

Niklas las interessiert in der Zeitung,

er besah sich die Toilettenpapierwerbung,

in der ein schöner großer Teddybär

mit einem dicken Po warb.

Er sagte: „Oma, hier steht Po!"

Ich sagte: „Du kannst doch gar nicht lesen,

du kommst doch erst nächstes Jahr in die Schule."

Jetzt sagte er: „Und wo steht hier"

jetzt buchstabierte er: „K A K E?"

Gehirn

Freund Roland kam zu Besuch

und hatte eine große Beule an der Stirn.

„Was hast du denn am Gehirn?"

fragte Niklas.

„Vom Fußball!"

war die Antwort.

„Nein, ich hasse Fußball!"

Niklas mag nicht Fußball spielen, leider!

Eine gute Frage

Niklas fragte:

„Oma, wer war der erste Mensch?"

Ich antwortete:

„Das war Adam!" Niklas fragte weiter:

„Und wer hat ihn geboren?"

„Der liebe Gott hat ihn aus Lehm,

Sand und Wasser gebaut!"

versuchte ich zu erklären.

Niklas fragte weiter:

„Warum hat der Gott keine Knete genommen?"

„Knete kannte Gott noch nicht!" sagte ich

und war froh, dass er sich zufrieden gab.

Stundenplan

Kurz vor der Einschulung

bekam Niklas einen bunten Schulranzen

mit Delphinbildern und einen Stundenplan.

Seine Freude war groß, nun wollte er wissen:

„Was ist ein Stundenplan?" Ich antwortete

„Hier werden die Schulfächer aufgeschrieben,

wann ihr was lernen müsst!

Stundenplan am Dienstag:

1. Stunde Deutsch!"

Jetzt wurde er sehr laut und rief:

„Nein, nein, ich kann doch schon deutsch,

ich bin doch ein Deutschländer!"

Geliebte Fische

Niklas liebt Fische über alles

und spielte oft mit Plastikfischen.

Er sagte: „Oma, ich möchte gerne ein Fisch sein."

„Wo willst du dann leben?" fragte ich.

Er sagte: „Auf einem anderen Planeten."

Da schätze ich, hat er sich

die Antwort gut überlegt.

Das Wasser ist ihm zu kalt.

Geliebte Fische, Teil 2

Ich fragte:

„Niklas mit welchem Fisch

spielst du denn jetzt?"

Niklas antwortete: „Mit Puff!"

Welcher Fisch ist das?

Niklas:

„Es ist ein Kugelfisch,

aber er stachelt nicht!"

Nun legte sich Niklas

Glasfischchen nach Farben

auf den Tisch und sagte:

„Das ist eine Portage!"

Wunschzettel

Niklas

„Na, wie war denn Silvester für dich?"

fragte ich.

Seine Antwort war:

„Schön, doch lieber hätte ich,

dass der Weihnachtsmann wieder kommt,

ich brauche noch eine Lokomotive!"

Der Duft der großen, weiten Welt

Niklas

hat sich heute wieder einen Witz erlaubt.

Ich kam aus dem Badezimmer

und sagte zu ihm:

„Rieche mal, rieche ich nicht gut?"

Ich hatte etwas Parfum aufgetragen.

Er sagte: „Oh Oma, du riechst gut,

aber einen Knackpo hast du nicht!"

Der kleine Poet

Niklas, der kleine Dichter,

hatte schon immer eine poetische Ader.

Schnee am Niederrhein und das im

November, welche Freude!

Niklas ging mit Mama rodeln,

wir haben im Park einen kleinen Berg,

der sich super dafür eignet.

Mama sagte zum Niklas:

„Ach, hier war ich früher schon

mit meinen Brüdern zum Schlittenfahren!"

Darauf meinte Niklas

mit einem braven Augenaufschlag:

„Dann ist das hier der Berg

der Erinnerungen!"

Oh, die Fragerei

Niklas fragte:

„Oma, kennst du den Unterschied

zwischen Explosion und Komposition?

Und was ist naiv?"

Mit den Erklärungen zufrieden,

gab er für einen Moment Ruhe.

Durch die rosa Brille

„Niklas sieh bitte draußen

einmal nach dem Wetter“,

denn es war sehr neblig.

Er kam herein und sagte:

„Wir haben einen pinken

Himmel!“

Urlaub

Im Urlaub an der holländischen Nordsee

sagte Niklas (fünf Jahre):

„Oma, wann fangen wir endlich damit an,

dass wir den Holländern deutsch beibringen?"

Ich war ganz erstaunt und sagte:

„Na mal sehen, wenn wir mal Zeit haben!"

Drei Tage später kam Niklas an und meinte:

„Oma, die Holländer können schon deutsch,

ich habe es ganz deutlich gehört!"

Er hat wohl am Strand Deutsche belauscht!

Bei mir bist du schön

Niklas meinte so ganz nebenbei:
„Mama, du bist eine schöne Frau,
du hast eine schöne Stimme,
du hast bestimmt gute DNS!"

Eine neue Sprache

Niklas sprach wieder einmal Kauderwelsch.

Ich fragte: „Was sprichst du denn da, welche

Sprache ist das?" Er antwortete: „Das ist orkanisch!"

Toll, der Opa kommt herein und ich sagte:

„Unser Enkel spricht orkanisch."

„Bitte, Niklas sprich noch einmal orkanisch!"

Niklas antwortete: „Es geht nicht,

die Batterie ist leer!"

Am nächsten Tag telefonierte ich mit meiner

Schwester. Ich erzählte ihr, dass Niklas so süß

orkanisch spricht, aber leider ist seine Batterie leer.

Er hörte zu und sagte:

„Du kannst mir eine neue Batterie einlegen,

sie sitzt direkt unter der Haut in der Hand."

Nun habe ich vorsichtig die Haut etwas gezogen

und eine neue Batterie eingesetzt, logo!

Daraufhin nahm er den Telefonhörer und sang

orkanisch, er hielt das Telefon wie ein Mikrofon.

Blumenwunder

Niklas

malte eine Blume.

Ich sagte:

„Ich kann die Blume nicht erkennen!"

Seine Antwort war:

„Es ist ja auch eine Heilpflanze und sie heißt:

Holejumbakelujum!"

„Aber das musst Du mir sofort aufschreiben,

sonst kann ich es nicht behalten."

Und prompt schrieb er in Druckbuchstaben:

HOLEJUMBAKELUJUM

„Welche Sprache ist das?" war meine Frage.

Er antwortete: „Das war orkanisch."

13 ist ab sofort eine Glückszahl!

Niklas hat auch an einem 13ten Geburtstag!

Niklas fiel die Treppe runter,

weil er immer etwas hektisch ist.

Unser Haus hat noch eine uralte Wendeltreppe.

Die Stufen sind sehr kurz, so ist Niklas abgerutscht.

Er hat sich beim Fallen sehr steif gemacht,

und dadurch hat er „nur" ein paar blaue Flecke.

Sein Schutzengel hat ihn wohl auf Flügeln getragen.

Grund zur Freude

Niklas Mutter

hatte eine neue Wohnung gefunden

darauf fragte Niklas:

„Gemietet oder Eigentum?"

Oh Schreck!

Niklas war mit seiner Mama alleine in der
Wohnung. Sie machte sich auf dem Balkon zu
schaffen.
Er hat das nicht mitgekriegt.
Auf einmal lief der Kleine
durch die Wohnung und jammerte:
„Oh je, oh je, oh je!" und immer wieder.
Meine Tochter sagte:
„Niklas was ist denn?"
Da kam er schneeweiß raus und sagte:
„Ich dachte, ihr seid alle fort
und hättet mich alleine gelassen!"
Ihm fiel sichtlich ein Stein vom Herzen.

Arbeit, Arbeit, Arbeit!

Niklas

fühlte sich stark vernachlässigt.

Eine Wohnung neu streichen,

einen Umzug und das alles in drei Tagen,

das war ja auch ein bisschen viel!

Niklas saß im Wohnzimmer und sagte:

„Wenn das hier so weiter geht, werde ich

mir neue Eltern suchen!"

Da wurde Mama aber sehr böse,

und Niklas weinte und sagte:

„Das meinte ich nicht so!"

Flink

Ein Eichhörnchen sprang vergnüglich
von Ast zu Ast: „So möchte ich auch
einmal springen können!" wünschte ich.
Niklas antwortete:
„Oma, da musst du mehr essen!"

Der kleine Medizinmann

Niklas

interessiert sich für den menschlichen Körper.

Meine Schwester hat ihm das Buch

„Der kleine Medikus!" gekauft.

Wenn jetzt jemand sagt,

ich habe Probleme mit der Bandscheibe,

dann sucht er sich in dem Buch die Bandscheibe.

Inhaltsverzeichnis unter B, schaut er nach

und weiß dann bestens Bescheid!

Aber nun hat er beanstandet,

dass in dem Buch gar nichts über Geburten

stehe!

Kein Zweifel

Niklas musste zur Kinderärztin.

An der Wand hing ein Bild

vom menschlichen Gehirn.

Niklas sagte:

„Das Gehirn ist doch in Wirklichkeit nicht bunt!"

Die Ärztin erklärte, da könnte man die Wege,

die das Gehirn geht, besser sehen. Sie fragte:

„Niklas, willst Du Arzt werden?"

Niklas verneinte und sagte:

„Ich interessiere mich für

den menschlichen Körper,

aber ich will Lokführer werden!"

Fragestunde

Niklas beschäftigte sich mit

Zahlen und Buchstaben.

Er sagte: „Ich übe heimlich lesen!"

Ich sagte: „Du musst mich immer fragen,

wenn du etwas nicht weißt!"

„Ja Oma, was ist ein Kopfüber i?"

Das musste ich erst einmal aufschreiben!

Es ist natürlich ein Ausrufezeichen!

Einschulung

Niklas wurde im August eingeschult.

Die Schule begann mit einem Gottesdienst.

Der Pastor hielt eine kleine Ansprache und sagte:

„Wir wollen einmal die Verbindung zum

lieben Gott herstellen, es ist schnurlos möglich."

Nun zog er ein Handy aus seiner Tasche.

Sofort rief Niklas mit lauter Stimme in die Kirche,

so dass alle es hören konnten:

„Du hast ja gar nicht seine Telefonnummer!"

Alle Leute lachten.

Mathematikzimmer

Der Lehrer zeigte den Kindern

die Schule vom Dachboden bis zum Keller

und sagte: „So nun habt ihr alles gesehen."

Niklas meinte:

„Nur das Mathematikzimmer

haben Sie uns nicht gezeigt."

Der Lehrer fragte:

„Woher willst du das wissen?"

Niklas sagte:

„Es stand doch an der Tür!"

Deutschstunde

Niklas hatte die erste Deutschstunde.

Der Lehrer hat folgende Aufgabe gegeben:

„Malt eine Blüte mit vier Blättern, auf dem 1. Blatt

malt ihr euch selbst, auf dem 2. Blatt malt ihr,

was ihr gerne esst, und auf dem 3. Blatt, was ihr

liebt,und auf dem 4. Blatt, malt ihr, was ihr euch

wünscht!"

So, nun malte Niklas sich selbst, auf Blatt 2 malte er

Spaghettis, auf dem 3.Blatt malte er ein Buch,

(den Regenbogenfisch, den liebt er).

Auf dem 4. Blütenblatt hat er in großen Buchstaben

Folgendes geschrieben:

ICH WÜNSCHE

EIN SCHÖNE

NTAG

Niklas meinte: „Einen schönen Tag

konnte ich nicht malen."

Makaber

Unser Schulanfänger Niklas,

nach gerade zwei Wochen Schule,

bewundert immer noch die Schultüte.

Nun möchte er nicht mehr zur Schule gehen.

Niklas versteht sich nicht

mit seinem Tischnachbarn.

Kleines Beispiel:

Der Tischnachbar malte

und Niklas fragte:

„Was malst du da?"

Der antwortete:

„Ich male, wie du erschossen wirst!"

Das war für unseren sensiblen Jungen zuviel.

Der Lehrer hat das Problem gelöst.

Jetzt sitzt Niklas neben einem kleinen Mädchen.

Glaube

„Sind das jetzt wirklich die Geschenke vom

Nikolaus?"

Mama antwortete:

„Möchtest du die Wahrheit wissen

oder möchtest du deinen kindlichen Glauben

noch etwas erhalten?"

Niklas überlegte und antwortete:

„Nein Mama, sag mir doch lieber die Wahrheit."

Niklas ist auch nur ein Mann!

Mama wurde lieb begrüßt,

als sie Niklas nach der Arbeit abholte.

Sie war völlig gestresst.

„Mama, manchmal bist du wunderschön!"

sagte Niklas.

„Wie nur manchmal?" fragte Mama erstaunt.

„Ja, wenn du keinen Zopf trägst

und die Lippen

so hellrot sind!"

Ferienzeit

ist auch die Zeit zum Entspannen

und Ausruhen.

Niklas meinte:

„Das halte ich keine sechs Wochen aus!“

Böse Geschichte

Nach einem halben Jahr

passierte in der Schule

eine böse Geschichte.

Niklas saß in einer Leseecke

und hat gelesen.

Alle Kinder gingen nach Hause,

und er hat es nicht gemerkt.

Die Klasse wurde zugeschlossen.

Als er es merkte,

war die Panik groß.

Er schrie und klopfte,

zum Glück hat man es gehört,

und er konnte befreit werden.

Der Lehrer war sehr erstaunt,

dass er ein Kind eingeschlossen hat.

Mama stand ja unten auf dem Schulhof

und wollte Niklas abholen,

die hätte es denn ja wohl

auch bald gemerkt.

Voller Panik erzählte Niklas

mir diese Geschichte.

Ich fragte:

„Was hast du denn gelesen?"

Da antwortete er:

„Das Buch hieß - Schön blöd!"

Liebeserklärung

„Oma ich liebe dich,

aber nur so lange,

wie du mich auch liebst!"

sagte Niklas.

Wie könnte ich anders?

Der verrückte Füller

Während Niklas auf das Diktat des Lehrers
wartete, schrieb er Folgendes in sein Heft:
Der ferükte Füller.
Ich war mit meinem Füller Hausaufgaben machen.
Auf einmal hörte ich meinen Füller sprechen:
Dieses Diktat kann ich schon in- und auswendig,
und er hüpfte auf und davon.
Oh, oh! Ohne ihn kann ich das Diktat nicht
schreiben.
Da meldet sich der Bleistift: Du kannst mit mir
weiter machen.
Ende

Nervig

Niklas (sieben Jahre)

spart sich seine Fragen aus dem Religionsunterricht

für mich auf.

Ich komme nun langsam in Erklärungsnot.

„Bitte, Oma, sag mir, ob man es schaffen kann,

die ganze Welt in nur einer Woche aufzubauen?

Um dann am siebten Tage noch zu ruh'n!

Wie kommt es, dass die ersten Menschen

deutsche Namen haben, Adam und Eva,

hat Gott zuerst die Deutschen gemacht?

Und was ist mit den Steinzeitmenschen?

Sie konnten doch ihr Wissen nicht weitervermitteln,

sie konnten doch noch nicht schreiben,

und Papier gab es auch noch nicht!"

„Oh, Niklas du nervst!"

sagte ich nur noch.

Die armen Rittersleut'

Niklas wird sieben Jahre.

Die Geburtstagsparty war eine Ritterfeier!

Alle Kinder bekamen einen Helm, einen Säbel und

ein Schutzschild, dazu ein Pferd aus einem Holzstiel

mit einem Kopf aus festem Karton,

mit einer Mähne aus Krepppapier.

Opa hat 10 Säbel aus Holz gebaut.

Sascha, der 16-jährige Bruder, hat zur Feier des

Tages ein Kasperle Theaterstück inszeniert.

Und das ging ungefähr so:

Die Oma, weil sie so gut Schokoladenkuchen

backen konnte,

wurde von einem König entführt,

der sie auf sein Schloss bringen wollte,

dort wollte man diesen Schokoladenkuchen

unbedingt haben. Aber es war ja die Oma vom

Kasper und der verteidigte sie sehr, aber es ist ihm

nicht gelungen, seine Oma zu behalten.

Teil 2 Rittersleut'

Nun verschwand der König mit der Oma und
versteckte sie in unserer echten Burg.
Unterwegs hat er sieben Goldtaler aus Schokolade
vergraben. Die Stellen wurden mit Fähnchen
gekennzeichnet.
Die Kinder legten ihre Ritterrüstung an und
stürmten mit Geschrei den Park,
sie mussten erst die sieben Goldtaler finden.
Danach haben sie oben auf dem Burgturm
die Oma ausgelöst!
Dabei hatten die Kinder solche Aggressionen
gegen den Sascha entwickelt, dass sie den armen
Sascha mit den Säbeln regelrecht verprügelten,
sie konnten kaum gebremst werden.
Sascha ist dann nach Hause geflüchtet, und sagte:
„Das spiele ich nie wieder!"
Aber die Kinder hatten viel Spaß.

Wahrheit

Niklas

ging zur Weihnachtsfeier auf der Arbeitsstelle

seiner Mutter.

Er musste zum Nikolaus kommen und sagte:

„Sie sind nicht der Weihnachtsmann,

Sie sind ein verkleideter Kollege meiner Mutter!"

Das war der Mama allerdings sehr peinlich.

Jetzt sollte er sich seine Weihnachtstüte

beim Nikolaus abholen, und das tat er nicht!

Mama sagte:

„Warum machst du das nicht?"

Niklas meinte:

„Weil ich ihn so böse angeguckt habe!"

Mama hat die Tüte abgeholt, aber sie hat

die nächste Weihnachtsfeier gestrichen.

Bei mir bist du schön

„Mama, du bist mir nicht schön genug!"

sagte Niklas, als die ganze Familie zu Tisch saß.

Alle lachten.

Einen Tag später habe ich noch einmal nachgefragt

und gesagt:

„Schätzchen, wieso ist deine Mama

dir nicht schön genug?"

Niklas antwortete:

„Weil sie so eine traurige Farbe in den Haaren hat,

schwarz ist so eine traurige Farbe."

Dabei hat Niklas eine sehr schöne Mutter.

Die Hauselfen

Elfengedicht von Niklas (6 J.):

Die Hauselfen

huschen abends in unser Zimmer.

Wenn wir einschlafen möchten,

küssen sie uns auf die Nasenspitze

und bewachen uns die ganze Nacht.

Die Geisterelfen

Wir Menschen glauben nicht an Geister,

weil Geister sich nicht wagen,

die Elfen zu sehen.

Die Geisterelfen

aber essen die Blüten der lila Glockenblumen.

Sie geben ihnen die Kraft,

die Geister zu sehen

und zu verscheuchen!

Sie verscheuchen sie

mit ihren Zauberstrahlen,

und die Geister schweben davon!

Die Schmetterlingselfe

Als Niklas sechs Jahre war,

beschrieb er mir eine Elfe:

„Also eine Elfe

ist halb Schmetterling

mit durchsichtigen Flügeln

und halb kleiner Mensch.

Sie küsst einem nachts auf die

Nasenspitze,

damit man gute Träume hat.

Die Elfen haben ganz

große Augen,

damit sie uns Menschen

besser sehen können!"

Die Sonnenelfe

Es gibt eine kleine Elfe,

man nennt sie:

„Lisa Sonne!"

Und sie ist wunderschön.

Die anderen beneiden sie,

denn sie hat viele Freunde.

Sie tanzt in der

verzauberten Wiese

hinter dem Regenbogen,

dort, wo sie zu Hause ist.

Sie wohnt

in den Blüten der

Schmetterlingsblume.

Einbildung ist auch eine Bildung

Mama hat Niklas auf dem Heimweg

von der Schule beobachtet.

Er ging den Schulweg hüpfend, tänzelnd, rennend

und drehte Pirouetten.

Oder Niklas blieb ganz lange auf einem Fleck

stehen und fuchtelte mit den Armen.

Es ist fast unglaublich, an der Ampel wartete er,

bis grün kam, drehte sich rum

und ging rückwärts über die Straße.

Zu Hause fragte Mama:

„Wie gehst Du denn über die Straße?"

Niklas meinte: „Ich habe eine Elfe gespielt!"

Erzählung aus dem Nähkästchen

Meine Urgroßmutter Heike Müller, geb.Veen,

war alt und sterbenskrank.

Da wurde sie von meinem Großvater

im Jahre 1916 in Ostfriesland

in einem Handkarren 20 km weit

zur Großmutter transportiert, die ihre Mutter

bis zu ihrem Tode liebevoll betreute.

Als Urgroßmutter dann verstarb,

wurde sie in der Küche aufgebahrt.

Als Niklas diese Geschichte hörte,

fragte er: „Wollten die sie essen?"

Traurige Gedanken

Als Niklas sieben Jahre alt war, meinte er:

„Oma, ich darf nicht dran denken,

dass ich einmal erwachsen werde!"

„Ach, mein Kind, das kann doch

nicht sein; warum denn?" fragte ich.

Er sagte: „Weil du dann nicht mehr da bist!"

Ein Besuch im Zoo

Wir waren im Zoo.

Ich fragte:

„Was ist denn in dem Tropenhaus?"

Niklas antwortete:

„Oma, das möchte ich ungern sagen,

aber da sind Fledermäuse drin!"

Gartenausstellung

Niklas war mit Mama in einer Gartenausstellung.

Skulpturen, Gartenbrunnen und schöne

Keramiktiere waren zu bewundern.

Niklas fragte:

„Mama, bist Du ein kultureller Mensch?"

Meine Tochter sagte: „Ich glaube nicht!"

Niklas sagte:

„Ich auch nicht!"

Eine kleine Träne

Niklas

weinte still und ich erkundigte mich:

„Was ist denn passiert, warum weinst Du?"

Er sagte: „Sieh', was hier steht,

das macht mich so traurig! "

Im Anzeigenteil unserer Zeitung

stand Folgendes:

„ASKIM.

Bitte verzeih mir.

In Liebe, Dominik"

Schulweg

Niklas ist 7 und Sascha fast 17.

Jeden Morgen bringt Sascha den Niklas

zur Straßenbahnhaltestelle.

Niklas sagte:

„Wenn ich meinen Bruder Sascha nicht hätte,

würde ich ihn mir wünschen!"

Email an Oma

Am Abend kam eine Mail von Niklas.

Natürlich hat seine Mama geholfen,

doch der Text stammt von ihm:

„liebe oma

du bist die beste oma die man sich wünschen kann,

und die schönste oma der welt."

Ende des ersten Schuljahres

Niklas hat seine erste Begutachtung

in der Schule erhalten.

Wir waren damit zufrieden.

Seine Leistungen waren natürlich gut,

aber in seinem Verhalten ist er noch sehr

das Kindergartenkind.

Man könnte natürlich auch sagen,

das Kind langweilt sich.

Eigensinn

Vor einigen Tagen setzte er sich

in seiner Klasse nicht auf den Stuhl,

weil es nicht sein Stuhl war.

Er bestand darauf,

seinen Stuhl wieder zu bekommen.

Der Lehrer war ratlos.

Doch Niklas setzte sich dann auf die Erde

und arbeitete dort weiter,

bis alle Kinder seinen Stuhl gesucht

und gefunden haben.

Kleines Geheimnis

Niklas meinte:

„Oma, du bist die Allerschönste!"

Dann flüsterte er meiner Tochter ins Ohr:

„Mama, du bist die Allerschönste,

aber sage es bitte nicht der Oma!"

Dann sagte er zu mir:

„Oma, wie erkenne ich denn eines Tages

meine große Liebe?"

Ich sagte: „Wenn du einer schönen Frau in die

Augen schaust, und sie hat so ein Glänzen und

Strahlen in den Augen,

dann hast du sie gefunden!"

Darauf sagte er:

„Was mache ich denn, wenn sie auf der

Straße so an mir vorbei geht?"

Ich sagte:

„Wenn es die große Liebe ist,

wird sie dich schon finden!"

Märchenstunde

Ich las ein verändertes Märchen von Andersen:

„Die Prinzessin auf der Erbse."

Niklas hörte interessiert zu und betrachtete

die hübschen Bilder in dem Buch.

Als das Märchen zu Ende war, sagte er:

„Das war ja sehr schön,

doch du hast ein Wort verkehrt gelesen!"

Ich sagte: „Das glaube ich nicht!"

Doch nun suchte er in dem Buch

und auf Seite 35 hat er es gefunden.

Dort steht:

„Rasch forderte er die Prinzessin auf,

ihm zu folgen,

damit er ihr das Schloss zeigen könne."

Ich hatte gelesen:

„damit er ihr das Schloss zeigen könnte."

Zauberblume

Sascha, der 16-jährige Bruder,

hatte eine Feier in der Schule.

Da es für Niklas wohl zu langweilig war,

ging er zu seinem Kindergartenfreund Tim.

Dort spielten sie mehrere Stunden im Garten.

Als er wiederkam, war er sehr aufgeregt

und sagte mir, er hätte eine Blume gefunden,

die alle Wünsche erfüllen könnte.

Er wünsche sich so sehr, eine Elfe zu sein.

Dann könne er über unsere Köpfe schweben,

und das bereitete ihm

offensichtlich große Freude.

Tim wünschte sich, er wäre Rapunzel.

Na, wer sagt es

Ein paar Tage später fragte ich nach,

ob die Verwandlung geklappt hat,

Nein, es hat nicht geklappt,

doch Niklas meinte,

es sei die falsche Blume gewesen,

die konnte man nicht als Zauberblume nehmen.

Doch bei Tim hätte es funktioniert,

seine Haare wären schon gewachsen,

das hätte er sehr deutlich gesehen.

Hilfe

Niklas liebt schöne Gedichte,

die ich ihm oft vorlese.

Nun las ich:

„Ich habe mein Ohr an das Herz der Erde gelegt!"

Da unterbrach er und sagte:

„Oma, wenn du dein Ohr an das Herz der Erde

legst,

müssen wir einen Kran bestellen, der dich wieder

hoch holt!"

Zickenalarm

Niklas ging mit seinem großen Vetter

zum Kinderspielplatz, der in einem Park liegt.

Sein Vetter suchte auf dem Spielplatz

nach einem Spielkameraden für Niklas

und fragte ein kleines Mädchen,

das Niklas noch aus dem Kindergarten kannte:

„Willst du nicht ein bisschen mit Niklas spielen?"

Die Kleine antwortete:

„Nein, der ist mir viel zu zickig!"

Zungenbrecher

Niklas erzählte,

dass auf dem Schulgelände vor einer Raupe

gewarnt wird, die giftige Stacheln auf Menschen

schießt.

Ein Gebiet auf dem Schulhof sei abgesperrt worden.

Er wusste den Namen der gefährlichen Raupe:

„Eichenpositionsspinnerraupe".

In der Zeitung las ich von der

Eichenprozessionsspinnerraupe!

Tierliebe

Niklas war mit Mama beim Frisör
und hat voller Begeisterung von
seiner Katze erzählt und von den
Fischen im Aquarium, und
wie sehr er Tiere liebt.
Auf einmal sagte er:
„Es ist nur schade, dass wir auch Ungeziefer
haben.“
Jetzt fiel Mama fast vom Stuhl.
Doch Niklas sagte:
„Wir haben doch Silberfische
im Badezimmer!“
Mama erklärte es.
Im Badezimmer war ein Wasserschaden
und seitdem habe sie Silberfischchen im
Badezimmer.
Nun wurde es still, aber Niklas sagte:
„Und Läuse hatte ich auch schon!“

Der Lauscher an der Wand

Niklas musste zum Hautarzt,

denn er reißt sich seine Wimpern aus.

Der Arzt nahm diese Krankheit sehr ernst,

 und meinte, diese selbst zerstörerische

Krankheit muss sofort behandelt werden.

Er hat Niklas aus dem Behandlungszimmer

geschickt, um mit Mama zu reden.

Doch als er Niklas wieder rein holte,

sagte der Arzt:

„Ich möchte wetten, dass Du gelauscht hast!"

Das hat Niklas sofort zugegeben und gesagt:

„Ich habe alles verstanden!"

Tiefsinnig

Niklas war beim Kinderpsychologen.

Der sagte zu ihm:

„Male doch bitte einmal Deine Familie,

nachdem ein Zauberer sie verzaubert hat!"

Nun malte Niklas ein großes rotes Herz,

das sollte Mama darstellen.

Oma hat er als Elfe gemalt!

Sascha als Skateboard und

seinen Vater als Zigarette.

Nun fragte Mama:

„Wie hast Du Opa gemalt?"

„Den habe ich vergessen", sagte Niklas.

„Aber ich hätte ihn als Aspirin-Tablette gemalt!"

Opa war sehr krank.

Hexen

„Eene, meene meck,

und die Alten, die sind weg!

Hex, hex!"

sagte Niklas mit einem Lachen im Gesicht.

Ich sagte: „Heh, Bürschlein, wen meinst du?"

Die Antwort kam:

„Den Opa und dich!"

Meine Tochter beteuerte, uns niemals

„die Alten"

genannt zu haben.

Albtraum

Heute war Niklas den ganzen Mittag

mit seinem Kindergartenfreund unterwegs

auf dem Spielplatz und noch mit den Eltern

des Freundes im Biergarten.

Doch abends kam er weinend heim, er sagte:

„Tim kann meinen Geburtstag aus dem Kalender

streichen, ich werde ihn nie wieder einladen!"

Jetzt erklärte er mir:

„Tim hat mich immer wieder verlieren lassen,

nur damit die Greta gewinnt und das ist so unfair!"

Er konnte sich gar nicht mehr beruhigen.

In dieser Nacht hatte Niklas einen Albtraum,

und war ganz schön geschockt!

Er träumte, dass seine Mutter

ihn nicht mehr haben wollte.

Sie hat sich ein anderes Kind aus der

Schulklasse ausgesucht, Dominic!

Das war für Niklas das Allerschlimmste.

Deutsche Sprache, schwere Sprache

Niklas

(sieben Jahre alt und im 2. Schuljahr)

Er hat an der deutschen Sprache einiges zu

bemängeln.

Er fragte mich: „Oma, was heißt jemand auf dem

Laufenden zu halten?"

Ich erklärte so gut ich konnte.

„Das ist aber kein gutes Deutsch!"

meinte Niklas.

Hörgerät

Niklas

sah seine Mama im Jogginganzug und sagte:

„Du bist aber elegant!“

Opa hörte es und fragte:

„Wieso ist deine Mama ein Elefant?“

Ja, der Opa brauchte ein Hörgerät!

Opa ließ sich jeden Satz dreimal wiederholen.

Ich sagte: „Niklas, sage doch bitte dem Opa,

er solle sich ein Hörgerät anschaffen!“

Niklas sagte:

„Das kann ich ihm nicht sagen,

wie denn, er hört es doch nicht!“

Guten Appetit

Niklas

wurde von seiner Mutter gekitzelt,

und sie sagte:

„Ha, ich könnte dich so richtig fressen!"

Niklas antwortete:

„Nein, tut mir leid,

ich gehöre heute

nicht zum Tagesmenü!"

Unendlich

Niklas sagte:

„Oma du bist die beste Oma der Welt,

auch noch hinter dem schwarzen Loch.

Du weißt, das Universum hat doch

ein schwarzes Loch!"

Vogel Strauss Politik

Niklas konnte wieder einmal nicht hören.

Ich ermahnte ihn und sagte:

„Bitte geh' nicht immer an den Computer!"

Seine Antwort war:

„Oma, ich liebe dich ja noch,

aber ich will nicht,

dass ich dich sehe!"

Großes Glück

Wieder quälte mich ein

allergisches Hautjucken.

Ich wusste mir nicht mehr zu helfen.

Da sagte Niklas:

„Aber Oma, zum Glück lebst du noch!"